SOCIÉTÉ

AUTEURS ET COMPOSITEURS DRAMATIQUES.

RAPPORT DE M. MÉLESVILLE

PRÉSIDENT DE LA COMMISSION

A l'Assemblée Générale du 21 Novembre 1858.

DROITS D'AUTEURS DE WEBER ET DE MOZART.

PARIS.

VIAL, RUE SAINTE-ANNE, 54.

1858.

SOCIÉTÉ

DES

AUTEURS ET COMPOSITEURS DRAMATIQUES

RAPPORT DE M. MÉLESVILLE

PRÉSIDENT DE LA COMMISSION

A l'Assemblée Générale du 21 Novembre 1858.

DROITS D'AUTEURS DE WEBER ET DE MOZART.

PARIS.

VIAL, RUE SAINTE-ANNE, 54.

1858.

ACTE

SIGNIFIÉ A LA COMMISSION

PAR

MM. CHOLER et SIRAUDIN.

L'an mil huit cent cinquante-huit le vingt-deux juillet à la requête de MM. Adolphe Choler et Siraudin, hommes de lettres et membres de la Société des auteurs et compositeurs dramatiques, constituée suivant acte passé par-devant Mᵉ Thomas et son collégue, notaires à Paris, en date du 18 décembre 1837, enregistré ; demeurant : M. Choler, rue Bleue, nᵒ 27, à Paris, et M. Siraudin, même ville, rue de Choiseul, nᵒ 3, élisant domicile en ma demeure.

Vu l'ensemble des dispositions dudit acte de Société et particulièrement les articles suivants :

Art. 2. — Cette Société existera entre tous les *signataires des présentes* et ceux qui y adhèreraient dans les formes indiquées à l'article 28.

Art. 5. — L'objet de la Société est : 1ᵒ La défense mutuelle des droits des associés vis-à-vis des administrations théâtrales ou de tous autres, en rapport d'intérêt avec les auteurs ; 2ᵒ La perception à moindres frais des droits d'auteur vis-à-vis des administrations théâtrales à Paris et dans les départements *et la mise en commun d'une partie de ces droits*, ainsi qu'il sera expliqué plus bas ; 3ᵒ La création d'un fonds de secours *au profit des associés*, de leurs veuves ou héritiers et parents ; 4° La création d'un fonds commun de bénéfices partageables.

Art. 6. — Le fonds social se compose : 4° *du* 1/2 *p.* 0/0 *que chaque Auteur et Compositeur consent à laisser prélever* sur le produit des représentations de ses œuvres et de verser à la caisse à titre de mise sociale ; 6° *Des bénéfices de toute nature que la Société pourra faire.*

Art. 7. — Toutes les dépenses acquittées, *l'excédant des recettes* sera converti en rentes sur l'Etat ou en autres valeurs solides au profit de la Société.

Art. 15. — La Commission administrera les affaires de la Société et la représentera dans toutes les conventions, actes, procès, contestations et circonstances qui l'intéresseront ; elle traitera, contractera, plaidera, transigera et compromettra au nom de la Société *et fera tous les actes d'administration ;* elle disposera de tout les fonds sociaux et en réglera le placement, le déplacement et l'emploi ; elle autorisera les dépenses et accordera les secours réclamés par les auteurs indigents ou par leurs veuves, héritiers et parents ; elle consentira tous transferts de rentes, les signera et en recevra le prix.

Art. 17. — Comme par le passé, la Commission est investie des pouvoirs les plus étendus, à l'effet de prendre, pour le maintien des traités *et la conservation des droits des Sociétaires et de leurs intérêts,* toutes les mesures qu'elle jugera nécessaires vis-à-vis des entreprises théâtrales.

J'ai, Jacques FUMET, huissier au Tribunal civil de la Seine, séant à Paris, y demeurant, place de la Bourse, n° 8, soussigné,

Signifié et déclaré à MM. les Membres de la Commission des Auteurs, au lieu des séances de ladite Commission, sis à Paris, rue Ventadour, n° 5, en la personne de M. Guyot, agent de ladite Commission audit domicile, où étant, et parlant à un employé de mondit sieur Guyot, ainsi déclaré.

Que les requérants ont appris que des fonds perçus en vertu des traités passés avec les administrations théâtrales avaient été attribués à des personnes étrangères à la Société, notamment aux héritiers, ou se disant tels, de Carl Maria von Weber et Wolfrang˜ Amédée Mozart.

Qu'en vertu de la législation existante, lesdits héritiers n'ont aucun droit sur les œuvres de leurs auteurs maintenant tombés dans le domaine public.

Que la disposition en vertu de laquelle la Commission des Auteurs dramatiques leur aurait attribué tout ou partie de ces droits, constitue dès lors une véritable libéralité.

Que cette libéralité dépasse les pouvoirs de la Commission, qui, ainsi qu'il a été dit plus haut, n'est autorisée qu'à faire des actes d'administration et attribuer des secours seulement aux Membres sociétaires qui justifieraient de leur droit auxdits secours, ou veuves, héritiers et parents de ces associés.

Qu'en vertu de ce principe incontestable que les Sociétaires seuls ont droit aux bénéfices de l'Association, la Commission a toujours interdit à ses agents de percevoir les droits d'auteurs étrangers à l'Association ; qu'en effet, ces auteurs auraient dès lors une position exceptionnelle, participant aux avantages d'une association dont ils ne subiraient pas les charges et dont ils n'auraient pas l'obligation de respecter les traités.

Attendu que chaque Sociétaire est intéressé à ce qu'aucune part du fonds social n'en soit illégalement distraite ; puisque ce fonds constitue sa propriété, pour partie, aux termes des articles 5 et 8 de l'acte social.

Attendu d'ailleurs que les Membres malheureux qui, par les retenues opérées sur leurs droits d'Auteurs, ont contribué à l'accroissement du fond social, seraient en tous cas mieux fondés à en réclamer l'attribution que des étrangers sans droit reconnu par la loi.

En conséquence :

Les requérants demandent qu'il soit fait état de toutes les sommes qui auraient été attribuées à des personnes étrangères à la Société.

Que, sous la responsabilité des Membres de la Commission qui ont ordonnancé lesdits paiements, les fonds qui y ont été consacrés ou qui y seraient destinés soient réintégrés ou conservés dans la caisse sociale.

Qu'à la première Assemblée générale ou toute autre qui serait convoquée d'urgence à la requête de la Commission, ou à son défaut à la requête des Membres de la Société, ainsi qu'il est établi en l'article 21, il soit justifié de l'encaissement desdits fonds.

Leur déclarant que, faute par eux de le faire, les requérants se verraient forcés de se pourvoir par les voies légales et de poursuivre le recouvrement des sommes indûment distraites du fonds social dont ils sont les propriétaires.

Dont acte sous toutes réserves. Et je leur ai, en leur domicile et parlant comme dessus, laissé cette copie. Coût 7 francs 75 centimes.

RAPPORT DE M. MÉLESVILLE.

Messieurs,

L'Acte dont vous venez d'entendre la lecture est tout simplement une accusation de malversation, ou de dilapidation si vous l'aimez mieux, dirigée contre la Commission par Messieurs Choler et Siraudin.

Une accusation aussi grave, la première depuis que votre Société a été fondée, jetée à la face de quinze de vos confrères, nommés par vous, investis de votre confiance, et qui, à défaut d'autre mérite, ont tous au moins la conscience d'être honnêtes gens et d'avoir fait ce qu'ils devaient faire pour l'honneur de la Société qu'ils représentent, devait être jugée publiquement, par le seul tribunal que nos statuts ont chargé de vérifier et d'apurer les comptes annuels de la Commission... Par l'Assemblée générale.

Nous aurions sans doute désiré vous rassembler plus tôt, pour vous soumettre la signification de Messieurs Choler et Siraudin ; mais cet acte est du 22 juillet 1858 ; et vous le savez tous, Messieurs, à cette époque de l'année, les absences, les voyages, que la belle saison, les vacances amènent nécessairement, auraient privé l'Assemblée générale d'un grand nombre de ses Membres, et auraient enlevé à sa décision, cette solennité et cette autorité morale qu'elle doit avoir.

Nous avons donc attendu ; il n'y avait pas péril en la demeure, et nous profitons de cette Assemblée générale, convoquée sur la demande de dix-neuf sociétaires, pour vous saisir de la question soulevée par MM. Choler et Siraudin.

Nous disions tout à l'heure que l'Assemblée générale était le seul tribunal compétent pour connaître et juger le fait dont il s'agit, et, en effet, Messieurs Choler et Siraudin auraient pu s'épargner le luxe du papier timbré, d'une signification par huissier et porter leur réclamation directement devant vous. A la vérité, ces Messieurs semblent ne reconnaître à l'Assemblée générale que la mission de constater la réintégration dans la Caisse sociale des sommes indûment payées, *suivant eux*, par la Commission. Nous leur demanderons la permission de ne pas aller si vîte. Nous leur dirons qu'il y a dans cette manière de procéder une première erreur, qui ne tendrait à rien moins qu'à dépouiller l'Assemblée générale, c'est-à-dire la Société elle-même, de ses attributions, de ses prérogatives, de ses droits les plus incontestables.

Que disent nos statuts, que l'on invoque si souvent, et que l'on méconnaît singulièrement dans cette circonstance ? L'article 21, sixième paragraphe, porte textuellement : « *L'Assemblée générale* « *apure et approuve les comptes annuels.* »

Qui rend ces comptes annuels ? La Commission. Si l'Assemblée générale a le droit d'approuver, elle a nécessairement celui d'improuver ; il est donc évident qu'entre la Commission, qui rend ces comptes, et des Sociétaires qui les critiquent, qui les attaquent, l'Assemblée générale doit seule prononcer et couvrir la responsabilité de la Commission.

Ceci posé, la Commission entre dans l'examen de l'Acte de Messieurs Choler et Siraudin. Nous ne le reproduirons pas une seconde fois dans son entier ; vous l'avez entendu, et d'ailleurs les articles des statuts, qu'il cite dans ses considérants, vous sont connus et se représenteront naturellement dans la discussion. Il doit nous suffire ici de rappeler les deux points principaux sur lesquels porte la réclamation de ces messieurs.

Ces deux points se trouvent spécifiés par le passage suivant de l'Acte :

« Les requérants demandent qu'il soit fait état de toutes les « sommes qui auraient été attribuées à des personnes *étrangères* à « la Société.

« Que, sous la responsabilité des Membres de la Commission, qui « ont ordonnancé lesdits paiements, les fonds qui y ont été consa- « crés ou qui y seraient destinés, soient réintégrés ou conservés « dans la Caisse sociale. »

Puis, vient l'injonction de justifier devant l'Assemblée générale de l'encaissement de ces fonds, ce qui borne, comme nous le di- sions, le rôle de l'Assemblée générale à la constatation de cet encais- sement.

Les sommes attribuées à des personnes étrangères à la Société sont de deux natures différentes, ou, pour mieux dire, ces person- nes étrangères à la Société se divisent en deux classes : il y a les veuves, les enfants, les parents d'Auteurs ou de Compositeurs français, qui n'ont jamais fait partie de la Société ; il y a les héritiers des Auteurs ou Compositeurs étrangers, *par nationalité*, et dans cette catégorie, nous comptons spécialement aujourd'hui le fils de Mozart et le fils de Weber.

Dans la première classe, il est fâcheux de le dire, Messieurs Choler et Siraudin attaquent précisément les secours qui, dès l'ori- gine de notre Association, et avant l'Acte de Société lui-même de 1837, ont conquis les sympathies publiques et placé notre Société dans le rang honorable qu'elle occupe.

Ces secours ont été accordés, il est vrai, à des parents d'Auteurs ou de Compositeurs français qui n'ont jamais fait partie de notre Société, mais qui portaient des noms qui sont l'orgueil et la gloire de la France.

Quels étaient ces noms, Messieurs ? Celui du grand Corneille, le père de notre théâtre, celui de Jean Racine, son émule immortel, ceux de Grétry, de Colin d'Harleville, de Sedaine, de Monsigny, de Luce de Lancival, d'Hoffman, et de beaucoup d'autres qui, sans briller d'un aussi vif éclat, n'appelaient pas moins votre intérêt sur des infortunes qui ne pouvaient vous rester étrangères.

Noblesse oblige, Messieurs ; et il est des devoirs que le nom seul impose.

On ne s'appelle pas impunément la Société des Auteurs et Compositeurs dramatiques français ; on ne représente pas impunément la littérature dramatique française ; il existe un lien indestructible, impérissable, entre les célébrités de tous les temps ; et, si de nos jours, nous n'avons pas le bonheur de compter parmi nous beaucoup de ces grands noms qui traversent les siècles et restent des monuments éternels, entourés de respect et d'admiration, nous avons tous au moins le sentiment de la dignité des lettres ; nous avons surtout l'honneur de notre Société à garder, à soutenir... c'est un drapeau qui doit abriter également les vieilles et les jeunes gloires dramatiques.

Qui voudrait croire, en effet, que les petites-nièces du grand Corneille, que l'arrière petite-fille de Racine, auraient pu tendre la main à la Société des Auteurs dramatiques, et qu'elles en auraient été repoussées avec ces paroles inhumaines : « Nous ne pouvons « vous secourir, nos statuts s'y opposent ; Corneille et Racine n'ont « jamais fait partie de notre Société. »

Oh ! Messieurs, qui de nous oserait tenir un pareil langage, sans se sentir la rougeur au front et la honte au cœur ? Il n'y aurait pas assez de voix dans le monde littéraire pour flétrir une réponse aussi sauvage !... et nous en sommes certains d'avance, Messieurs Choler et Siraudin eux-mêmes auraient reculé devant un semblable scandale. Oui... ils auraient été des premiers à demander qu'une pieuse infraction aux statuts sauvât notre Société d'une tache indélébile et d'un remords éternel.

Le scandale, Dieu merci, n'a pas eu lieu, et l'honneur de la Société est intact. Les petites-nièces de Corneille, et beaucoup d'autres héritiers de noms célèbres dans la littérature dramatique ont été secourus ; vous avez adopté toutes les gloires anciennes ; vous n'en avez répudié aucune, et l'arrière petite-fille de Racine, menacée dans son ennface de passer sa vie dans un obscur atelier de couture, a été, grâce à vous, placée dans un couvent de Blois ; elle y est élevée à vos frais, elle y reçoit, vous le savez, une éducation modeste, mais convenable, qui lui permettra de porter honorablement le titre de descendante d'un de nos poètes les plus illustres. Chaque année vous applaudissez au compte que la Commission vous rend des progrès, des succès de cette enfant, digne de toute votre sollicitude, et si la Société se félicite d'être la tutrice de la petite-fille de Racine, la petite-fille de Racine est heureuse et fière, à son tour, de pouvoir se dire la fille adoptive de la Société des Auteurs dramatiques.

Mais, s'écrieront Messieurs Choler et Siraudin, tout cela est fort beau sans doute, fort généreux ! nous faisons de la philanthropie, de la bienfaisance, des libéralités admirablement placées, c'est possible!.. Mais nos statuts n'en sont pas moins violés et la Caisse sociale appauvrie !

Nous pouvons heureusement rassurer la conscience timorée de ces Messieurs.

Sans aucun doute, les dons que fait la caisse sociale, ne l'enrichissent pas ! Nous ne sommes pas une maison de commerce ; nous ne spéculons pas. Nous sommes avant tout une Société de secours, de *charité fraternelle littéraire*, et la charité ne thésaurise pas. L'important, pour nous, c'est que les dons extraordinaires, ne nuisent en rien aux secours dûs aux Membres de la Société ou à leurs héritiers ; et les comptes annuels que vous rendent vos Commissions successives, vous assurent que ce premier devoir a toujours été rempli religieusement. Il n'est pas une seule de ces infortunes qui aie été repoussée, oubliée ; plusieurs, nous pourrions même dire un grand nombre, ont été secourues largement, et si souvent que cela aurait pu paraître dégénérer en *pensions constituées*, si nos usages ne les avaient pas interdites dès l'origine, et si les précautions prises par vos Commissions ne leur avaient pas enlevé ce caractère. Enfin, Messieurs, et malgré les dépenses de toute nature, auxquelles la Société doit faire face, vous avez vu que notre fonds social *placé* s'augmente tous les ans, lentement il est vrai, dans des proportions modestes ; mais le progrès est constant, réel, et cet état prospère atteste que l'administration de vos Commissions n'a pas été si imprudente qu'on veut bien le dire, et que vos charités aux gloires anciennes vous ont porté bonheur.

Maintenant, nos statuts ont-ils été violés par ces secours donnés aux héritiers de noms célèbres qui n'ont pas fait partie de notre Société ? Ce serait, à notre avis, un bien petit malheur, car nous avons la conscience que vous vous empresseriez de les ratifier *tous* aujourd'hui même, et de réparer ainsi l'omission d'une simple formalité. Mais c'est chose faite, et vous les avez tous ratifiés.

A la vérité, Messieurs, cette ratification est entachée d'une petite irrégularité apparente, que la droiture de la Commission lui fait un devoir de vous déclarer. Vous avez ratifié ces secours extraordi-naire *les yeux fermés*, de confiance et sans qu'il fût fait mention d'aucune distinction, parce qu'ils vous ont été présentés, depuis bientôt trente ans que nous existons, pêle-mêle avec les autres secours, dans une seule et même somme qui figurait chaque année au compte qui vous était soumis.

Pourquoi cette absence de distinction entre les secours accordés ? Par un motif des plus respectables, que la plupart d'entre vous connaissent depuis longtemps, mais qu'il n'est pas inutile de rap-peler à ceux de nos Sociétaires qui, plus nouvellement admis parmi nous, ne seraient pas suffisamment pénétrés de l'esprit, des principes libéraux qui ont présidé à la fondation de notre Société.

Nous vous avons rappelé que, dès ses premiers pas, la Société des Auteurs dramatiques avait reconnu, avait adopté toutes nos illus-trations passées, et que, pour les secours réclamés par leurs héri-tiers malheureux, elle avait admis par une fiction généreuse, que toutes ces illustrations étaient censé avoir fait partie de notre So-ciété. Et nous pouvons le dire aujourd'hui, à l'honneur de notre Association naissante, il y avait quelque mérite à planter ainsi sur-le-champ, cet étendard protecteur des infortunes dramatiques de tous les temps, alors que notre Caisse sociale était pauvre, et n'a-vait d'autre ressource que ce demi pour cent d'Associés encore peu nombreux !.. Mais nous avions tous foi dans la sainteté de l'héritage que nous acceptions, nous avions tous foi dans l'avenir, et l'avenir ne nous a pas trompés.

C'est cette pensée généreuse qui a inspiré, qui a dicté les délibérations de vos Commissions pendant trente ans, et si elles se sont abstenues de vous nommer les héritiers des hommes illustres auxquels la Société venait en aide, c'était par respect pour l'infortune elle-même, par un sentiment de pudeur, qui doit taire le nom de l'obligé, cacher le bienfait et conserver dans la manière d'accorder un don, cette délicatesse qui en double le prix. Vous l'aviez voulu ainsi, d'ailleurs, Messieurs. Dès la première Assemblée générale de la Société, le 8 mars 1830, notre trésorier vous disait dans son rapport :

« En chargeant votre Commission de distribuer les secours
« qu'elle pouvait accorder, vous avez sagement pensé que la
« discrétion devait présider à l'exécution de cette mesure ; que la
« publicité, en éloignant les demandes, ôtait d'ailleurs le premier
« mérite des dons que vous vouliez offrir et pouvait les rendre à
« charge à la délicatesse, et de ceux qui recevaient, et de ceux qui
« donnaient. »

Ce principe de discrétion, adopté par l'Assemblée générale à l'unanimité, devint la règle invariable de la conduite de votre Commission. Elle ne pouvait pas imposer aux infortunes passées une publicité humiliante, qu'elle devait épargner aux infortunes présentes ; voilà pourquoi tous les secours vous ont toujours été présentés dans leur montant total, sans qu'aucun nom fût prononcé, voilà pourquoi, comme nous le disions, vous les avez approuvés *les yeux fermés.*

Il y a eu cependant des cas exceptionnels. La Commission a été parfois forcée, quoique à regret, de s'écarter de cette règle de discrétion, lorsqu'en vertu de l'article 21 de vos statuts, elle devait vous demander votre ratification pour des charités qui sortaient de nos usages ordinaires.

Nous ne vous en citerons que deux exemples, parce qu'ils ont un caractère tout particulier.

Le 29 avril 1842, un Membre de la Commission lui apprend qu'un poète dramatique anglais, nommé *Williams Lake*, dont les ouvrages ont eu du succès en Angleterre, se trouvait à Paris sans ressources et sans moyens de retourner dans sa patrie. Bien que ce soit en dehors de ses usages, il demande à la Commission de venir au secours d'un confrère étranger.

Il y eut un moment d'hésitation, uniquement produit par ce motif, que ce secours sortait des règles établies ; il fut accordé cependant, sauf, disait la Commission dans sa délibération, à demander à l'Assemblée générale un bill d'indemnité à cet égard.

Effectivement, à l'Assemblée générale, le Rapporteur de la Commission, M. Lockroy, s'exprimait en ces termes :

« Avant d'achever ce compte-rendu, Messieurs, je suis heureux
« de pouvoir appeler votre attention sur un acte qui, bien qu'en
« dehors de la stricte légalité, n'en mérite pas moins, nous l'espé-
« rons votre approbation complète.

« Au mois d'avril dernier, la Commission fut informée qu'un
« poète dramatique anglais, dont les ouvrages ont obtenu de beaux
« succès sur les théâtres de Londres, se trouvait à Paris, dans le
« besoin, et s'adressait aux sympathies des auteurs français, pour
« en obtenir aide et assistance.

« La Commission, dans cette occasion, crut devoir enfreindre
« nos règlements, en faveur de cet étranger ; elle lui accorda un
« secours, bien persuadée que cette mesure serait unanimement
« approuvée par l'Assemblée générale. Nos voisins d'outre-mer
« nous avaient d'ailleurs donné un bel exemple à suivre.

« Il y a bien longtemps de cela, aux premiers jours de ce siècle,
« un jeune littérateur français, inconnu alors, même dans sa patrie,
« se trouvait à Londres dans un grand embarras pécuniaire. Une
« Société littéraire de cette ville s'empressa de venir généreuse-
« ment à son secours, et lui procura les moyens de passer en Amé-
« rique : il en rapporta un chef-d'œuvre. Ce modeste jeune homme
« est aujourd'hui une de nos plus belles gloires littéraires. »
(Ce jeune homme, Messieurs, s'appelait *Châteaubriand*.)

« C'était une dette de peuple à peuple, et votre Commission a
« cru devoir l'acquitter en votre nom. »

Inutile d'ajouter, que ce rapport, accueilli, dit le procès-verbal, avec une vive satisfaction, fut approuvé à l'unanimité.

Le second cas exceptionnel que nous avions besoin de vous rappeler est relatif à l'arrière petite-fille de Racine, dont nous vous avons déjà parlé.

Nous étions bien contraints de vous la nommer et d'appeler, en vertu de l'article 21 de nos statuts, votre ratification sur toutes les délibérations de la Commission à l'égard de cette enfant, car il ne s'agissait pas seulement, de quelques secours temporaires à lui accorder ; il s'agissait de pourvoir à son éducation pendant plusieurs années.

Le 22 avril 1853, la Commission est instruite de l'existence d'une petite-fille de Racine, dont la filiation est bien et dûment établie par actes authentiques. M. le baron Taylor offre ses bons offices auprès de la Société des gens de lettres, dans le cas où la Commission ne pourrait pas se charger seule de l'éducation de cette jeune fille.

La Commission décide à l'unanimité, que c'est à la Société seule des Auteurs dramatiques qu'il appartient de prendre l'initiative et de revendiquer l'honneur de pourvoir à l'éducation de l'unique descendante de notre grand Racine.

Cette première délibération est accueillie avec joie, avec entraînement par l'Assemblée générale. Le reste vous est connu, et dans son dernier rapport, notre honorable collègue, M. Ferdinand de Villeneuve, dont nous déplorons encore la mort prématurée, vous disait les progrès de cette jeune fille et sa profonde reconnaissance envers ses pères adoptifs, envers vous, Messieurs.

Ajoutons que, son éducation terminée, nous ne nous croirons pas encore quittes de la tâche que nous nous sommes imposée. La Commission se préoccupe déjà de son avenir, et pour l'assurer d'une manière honorable, elle ne reculera devant aucune démarche, devant aucune tentative. — Elle s'adressera, s'il le faut, aux Comédiens français, aux ministres protecteurs des lettres, à l'Empereur, qui nous a déjà promis son auguste appui, pour payer une dette vraiment nationale. Elle s'adressera à vous-mêmes, Messieurs, et dans cette circonstance, comme dans toutes les autres, l'Assemblée générale prouvera qu'elle sait maintenir la Société des Auteurs dramatiques, à la hauteur de ce qu'elle a été, de ce qu'elle est, de ce qu'elle sera toujours.

Voilà, Messieurs, ce que nous avions à dire sur la première série des secours attaqués par l'acte de MM. Choler et Siraudin.

Passons à la seconde.

Nous vous demandons pardon de vous fatiguer de détails que vous connaissez, et d'être revenus si souvent et avec tant d'insistance, sur des points qui ne sont douteux pour personne. Mais la Commission se devait à elle-même, elle devait à ses devancières, de démontrer aussi clairement que possible, le peu de fondement de toutes ces attaques dirigées contre elle ; attaques, disons-le, bien inopportunes, dans le moment où nous avons à soutenir, pour la Société, pour le maintien de ses principes, une lutte dont l'issue nous inquiète peu sans doute, mais dans laquelle on a vraiment l'air de se ranger, de propos délibéré, du côté de nos ennemis.

La Commission avait surtout à cœur de faire justice, une bonne fois, de cette tendance hostile de quelques esprits chagrins, en bien petit nombre heureusement, qui semblent prendre à tâche de lui chercher des torts et de la mettre en suspicion continuelle, vis-à-vis de vous. — Si l'immense majorité des Membres de nos Assemblées générales ne l'avait toujours soutenue, inspirée, encouragée, dans l'accomplissement de son mandat, nous le déclarons franchement, et croyez-le bien, Messieurs, les fonctions de la Commission n'offriraient plus qu'un labeur trop rude, trop ingrat, et l'honneur d'en faire partie, le plus grand sans contredit que votre confiance et vos sympathies puissent décerner à des confrères, loin d'être recherché, serait fui, serait repoussé, même par ceux qui l'ambitionnent peut-être aujourd'hui.

Revenons à l'examen de l'acte de MM. Choler et Siraudin.

Vous avez vu qu'ils demandent formellement la réintégration dans la Caisse sociale, des sommes indûment attribuées, suivant eux, aux fils de Mozart et de Weber.

Voici les termes de l'acte.

« Les requérants ont appris que des fonds perçus en vertu
« des traités passés avec les administrations théâtrales, avaient été

« attribués à des personnes étrangères à la Société, notamment
« aux héritiers ou se disant tels, de Carl-Maria von Weber et Wol-
« frang-Amédée Mozart. »

Et plus bas :

« Attendu d'ailleurs que les Membres malheureux, qui par les
« retenues opérées sur leurs droits d'auteurs, ont contribué à l'ac-
« croissement du fonds social, seraient, en tous cas, mieux fondés
« à en réclamer l'attribution, que des *étrangers*, sans droit reconnu
« par la loi. »

Des étrangers ! Les fils de Weber et de Mozart !... Alors qu'il
s'agit des droits produits par les chefs-d'œuvres de leurs pères !...
Le mot est au moins singulièrement choisi et bien étrangement
appliqué.

Mais passons.

MM. Choler et Siraudin réclament donc contre des étrangers, sans
droit reconnu par la loi, disent-ils, et cette loi qu'ils invoquent est
celle qui, après un certain temps écoulé, à partir de la mort de
l'auteur, dépouille ses enfants des droits de leur père, ou qui
enlève immédiatement tout droit aux œuvres dramatiques étrangères.

C'est le domaine public qui commence à prendre possession des
œuvres dramatiques, ou plutôt ce sont les Directeurs de théâtres
qui s'en emparent.

Il est affligeant, convenons-en, que ce soit deux Membres de la
Société des Auteurs dramatiques, qui s'appuient sur une disposition
de cette loi, pour nier eux-mêmes la propriété littéraire, quand
notre Société depuis trente ans emploie tous ses efforts pour la faire
reconnaître, pour la faire progresser, pour lui assurer enfin ce
triomphe complet, définitif, qu'elle doit obtenir, et qu'elle finira par
obtenir, nous n'en doutons pas.

C'est un rôle qu'ils devaient laisser aux Directeurs de théâtres
qui se trouveraient les seuls propriétaires de ce domaine assez
improprement appelé *Domaine public*, si nos traités particuliers
n'en modifiaient les conséquences malheureuses.

La loi actuelle, dans ses résultats sur le domaine public, est sévère, et n'atteint peut-être pas le but qu'elle se proposait ; mais enfin elle est la loi ; nous la respectons, nous la subissons, tout en cherchant à en atténuer les rigueurs, par nos traités. C'est notre droit légitime, en vertu de la loi de 1791, qui nous laisse maîtres des conditions auxquelles nous permettons la représentation des ouvrages dont les auteurs sont encore propriétaires.

C'est ce que la Commission a fait, du mieux qu'elle a pu, et il n'est pas inutile de rappeler, à l'honneur d'un ancien Directeur de l'Opéra-Comique, homme de talent et de cœur, auteur dramatique lui-même, qu'il fut le premier qui renonça de son propre mouvement à une partie des avantages que la loi lui donnait. M. Crosnier, dans son traité avec les auteurs, en 1840, il y a aujourd'hui dix-huit ans, s'engagea à payer, pour tous les ouvrages du domaine public, le quart du droit stipulé en faveur des Auteurs et des Compositeurs vivants; et, pour avoir tendu ainsi une main bienveillante aux noms glorieux des Grétry, des Sédaine, des Monsigny, la Direction de M. Crosnier n'en fut ni moins heureuse, ni moins brillante.

Ce quart devint par la suite, avec les autres théâtres, le droit entier, et pour arriver immédiatement au traité sur lequel MM. Choler et Siraudin appuient leur réclamation, voici la clause du contrat passé avec le Théâtre-Lyrique :

« Toutes les fois que, dans la composition du spectacle, il entrera
« un ou plusieurs ouvrages dits du domaine public, les agents
« généraux de Messieurs les auteurs percevront sur la recette une
« somme égale au droit qui serait alloué à ces ouvrages, s'ils appar-
« tenaient à des auteurs vivants.

« Ces droits seront remis aux héritiers en ligne directe, s'il en
« existe, et à défaut de ces héritiers, ils seront versés à la caisse
« de secours des Auteurs. »

Voilà ce que le prédécesseur de M. Carvalho avait signé, ce que M. Carvalho a signé lui-même, et ce qu'il a exécuté pendant deux ans.

C'est donc sur cette clause, bien simple et bien claire, que MM. Choler et Siraudin fondent, d'une part, leur demande de réintégration dans la Caisse sociale des sommes touchées pour les représentations des œuvres de Weber et de Mozart, et repoussent, de l'autre, l'attribution faite de ces mêmes sommes aux fils de Weber et de Mozart ; de telle sorte, que ces Messieurs trouvent d'abord fort bon que le traité de la Commission ait paralysé, ait annullé, en faveur de la Caisse sociale, les effets de la loi sur le domaine public ; puis tout-à-coup, ils changent d'opinion, et c'est cette même loi sur le domaine public qu'ils invoquent dans toute sa rigueur, pour repousser les héritiers Mozart et Weber. — Il y a dans cette facilité d'évolution, dans ce changement subit de principe, une complaisance pour ses intérêts personnels, et une contradiction choquante, qui blessent à la fois la raison et la justice.

Et remarquons-le en passant, Messieurs, ces droits produits par les œuvres de Weber et de Mozart ont une singulière destinée ! tout le monde les veut, tout le monde se les dispute, et à l'heure qu'il est, nous comptons trois prétentions en présence, à leur égard. — Il y a d'abord M. Carvalho, qui après, avoir payé ces droits pendant deux ans, s'en empare violemment, déchire son traité et se déclare de sa propre autorité, l'héritier de Mozart et de Weber !... Leur héritier !... M. Carvalho !... On peut trouver la prétention un peu téméraire, sous plus d'un rapport ; vous savez au surplus que nous plaidons, en ce moment, pour lui refuser ce titre. — Il y a MM. Choler et Siraudin qui, sans se porter précisément comme héritiers, réclament pourtant l'héritage, pour l'appliquer sans doute au fonds commun des *bénéfices partageables.* — Enfin, il y a la Société des Auteurs dramatiques qui, par l'organe de sa Commission, a attribué ces mêmes droits aux fils de Mozart et de Weber, les seuls, les vrais propriétaires, devant Dieu et devant les hommes.

De ces trois prétentions, quelle est celle qui triomphera ? — Les tribunaux, et vous-mêmes, Messieurs, dans la mesure de vos pouvoirs, vous le déciderez. Mais si l'on se demande, dès à présent, quelle est la solution la plus juste, la plus honorable, la plus digne... La réponse ne saurait être douteuse.

D'abord, que dit notre traité, et en faveur de qui la réserve est-elle faite ?

« Ces droits seront remis aux héritiers en ligne directe, s'il en
« existe, et à défaut de ces héritiers, ils seront versés à la Caisse
« de secours des Auteurs. »

Voilà le texte.

Oui, mais s'écrient Messieurs Choler et Siraudin (et ici, Messieurs, nous allons au-devant de leurs arguments, nous prêtons des armes à leur système, tant nous sommes certains de le renverser).
— Mais, s'écrient Messieurs Choler et Siraudin, le traité ne dispose qu'en faveur des héritiers français ; son pouvoir expire à la frontière ; les œuvres de Mozart et de Weber sont étrangères ; elles sont tombées, pour nous et dès leur naissance, dans le domaine public ; les fils de Weber et de Mozart sont sans aucun droit, quoique héritiers directs, et les sommes dont il s'agit doivent être versées à la Caisse de secours !

Nous pourrions faire observer à ces Messieurs, que la clause est générale, sans aucune réserve exclusive ou prohibitive contre les œuvres étrangères ; *Ces droits seront remis aux héritiers directs s'il en existe...* Il n'y a rien de plus. — Et cette absence de toute exclusion des étrangers, est d'autant plus remarquable dans le traité du Théâtre-Lyrique, que l'on savait parfaitement que ce théâtre avait le droit de représenter et devait représenter de nombreuses traductions. Donc, si l'on s'en tenait au texte pur et rigoureux du traité, la réclamation de MM. Choler et Siraudin tomberait d'elle-même et le débat serait clos. Mais la Commission a trop de bonne foi et de loyauté pour se retrancher timidement derrière une fin de non-recevoir, et pour fuir la discussion : elle l'accepte avec bonheur, avec confiance, sur le terrain choisi par ces Messieurs eux-mêmes.

Oui, sans doute, lorsque la Commission, sous sa responsabilité personnelle, a attribué aux fils de Weber et de Mozart les droits résultant des représentations à Paris des ouvrages de leurs pères, elle n'ignorait pas qu'elle faisait une application nouvelle et hardie, peut-être, du traité, mais profondément équitable et féconde en progrès inévitables pour l'avenir de nos droits à l'étranger.

Le décret français du 28 mars 1852, bien que rendu en matière de librairie seulement, avait ouvert une large voie aux principes que nous professons, en déclarant que dorénavant les étrangers étaient assimilés aux nationaux et qu'ils avaient les mêmes droits. Les nombreux traités internationaux qui sont survenus, quoique imparfaits encore et ne répondant que bien incomplètement aux besoins et aux vœux de la littérature dramatique, attestaient néanmoins ce mouvement, cet élan général vers des idées plus grandes, plus libérales, en faveur de la propriété intellectuelle, et surtout vers cet échange mutuel de ses droits, entre tous les peuples, qui serait à la gloire du monde civilisé.

Qu'a donc fait la Commission? — Elle a appliqué aux représentations théâtrales le principe généreux proclamé par le décret du 28 mars 1852, et convaincue que le meilleur moyen de seconder, d'accélérer l'avénement du progrès définitif qui se prépare, était de prêcher d'exemple, d'escompter l'avenir et de faire passer d'avance dans nos usages, dans notre législation sociale, si nous pouvons nous exprimer ainsi, ce que les législations de tous les peuples ne tarderont pas à proclamer : elle a marché dans ce sens.

Deux noms illustres de compositeurs étrangers se présentaient ; chacun d'eux avait laissé un fils ; la Commission à l'unanimité n'hésita pas, par sa délibération du 18 septembre 1857, à attribuer à M. Max Weber, fils et unique héritier du célèbre compositeur, les droits résultant des représentations sur le Théâtre-Lyrique, des chefs-d'œuvre de son père. — Plus tard, et le 28 mai 1858. une délibération parfaitement identique dans ses considérants et son dispositif, fut prise à l'égard de M. Mozart fils, vieillard de près de 80 ans, qui vivait obscurément dans les environs de Milan d'une modique pension de l'Autriche, et dans un état voisin de la gêne.

Vous avez du moins adouci ses derniers moments, Messieurs, car nous avons le regret d'annoncer à l'Assemblée générale que (s'il faut en croire les journaux), le grand nom de Mozart vient de s'éteindre, et que ce vieillard, son dernier fils, a cessé d'exister le 30 octobre dernier. — C'est une perte que les arts déploreront, que vous déplorerez plus que personne, en songeant que Mozart fils, ainsi qu'il l'avait dit et pressenti lui-même, n'aura joui que bien peu de temps de votre acte généreux. — Un nom aussi illustre qui disparaît tout-à-fait, lors même que le dernier rejeton n'avait pas suivi la brillante carrière de son père, et n'avait pas continué sa gloire et son génie, est cependant un nouveau deuil ajouté au premier, qu'il vient raviver dans la mémoire et dans le cœur de tous les admirateurs de celui qui l'a immortalisé.

Mais, quelque douloureux que soit cet événement, il ne change rien à l'état de la question et à la mesure que nous discutons.

Poursuivons :

En la prenant cette mesure, la Commission ne se dissimulait pas que c'était là une innovation qui, pour passer à l'état de principe, devait être revêtue de la sanction de l'Assemblée générale.

L'article 21 de nos statuts, que nous avons déjà cité, et que Messieurs Choler et Siraudin ont négligé de mentionner, quoiqu'il soit un des plus importants, puisqu'il établit formellement vos droits, vos attributions et la juridiction suprême des Assemblées générales sur toutes ces matières, s'exprime ainsi dès son début :

« *L'Assemblée générale décide toutes les questions qui lui seront*
« *soumises par la Commission ; elle vote des fonds extraordinaires,*
« *s'il y a lieu.* »

Ici, Messieurs, chaque mot a sa valeur.

« *L'Assemblée générale décide toutes les questions* (TOUTES !..
« SANS EXCEPTION !..) *qui lui seront seront soumises par la Com-*
« *mission.* »
« *Elle vote des fonds extraordinaires, s'il y a lieu.* »

Des fonds extraordinaires? Ce ne peut être, à coup sûr, un appel de fonds aux Sociétaires, ni un emprunt, ni le vote d'une dépense au-delà du capital du fonds social!... Tout cela est rigoureusement interdit par l'art. 9 de nos statuts. Ce vote de fonds extraordinaires ne peut donc s'appliquer qu'à un prélèvement sur le fonds social, pour faire face à des frais, à des dépenses imprévus, et entre autres à ces dépenses extraordinaires qui seraient la suite de décisions prises par l'Assemblée générale, sur des questions que la Commission lui aurait soumises.

Le sens de cette disposition est tellement positif, tellement clair, qu'il est impossible de lui donner une autre interprétation.

En conséquence donc, et le 18 avril 1858, la commission s'empressa de soumettre à notre dernière Assemblée générale sa première délibération du 18 septembre précédent, relative à M. Weber fils.

Vous n'avez point oublié avec quels chaleureux applaudissements, quel enthousiasme, nous pouvons le dire, cette partie du rapport fut accueillie ; avec quelle unanimité elle fut approuvée ; le procès-verbal en fait foi. C'est que, dans l'intérêt général du droit de propriété littéraire international, vous avez été frappés de la nécessité de mettre en pratique les principes dont nous réclamons l'adoption universelle ; c'est que vous sentiez qu'à cet échange mutuel de droits entre tous les peuples, sans se préoccuper de questions de temps ou de frontières, se trouvaient liés étroitement l'avenir et la reconnaissance de la propriété littéraire elle-même ; c'est qu'enfin vous proclamiez bien haut, et avec cette autorité que vous donne votre titre de Société des Auteurs dramatiques français, qu'aux yeux des Lettres et des Arts les grands hommes de tous les pays ont tous une patrie commune... Celle du génie !

Le vote de l'Assemblée générale était acquis, la responsabilité de la Commission était dégagée, et le principe nouveau établi d'une manière aussi solennelle, nous n'avions plus qu'à suivre la route que vous aviez tracée et à appliquer au fils de Mozart, lors des représentations des *Noces de Figaro*, la délibération prise en faveur du fils de Weber ; la position était la même, les droits absolument les mêmes, le vote de l'Assemblée générale était connu... La délibération fut identiquement la même ; il vous en sera fait rapport à l'Assemblée annuelle de 1859.

Cette mesure toute nouvelle, et empreinte de sentiments si généreux, si élevés, vous pouvez en être fiers, Messieurs, car elle a eu un grand retentissement et n'a rencontré que des éloges, que des ap-

probateurs. Partout, en France, à l'étranger, dans la presse littéraire, devant l'opinion publique, elle a été saluée avec sympathie,
avec respect ; et cet exemple que vous avez donné ne sera pas
sans influence, soyez-en bien certains, sur la législation *uniforme*
que nous demandons et que nous espérons.

Mais ce qui doit paraître étrange, c'est que Messieurs Choler et
Siraudin aient si vite perdu la mémoire de ce qui s'est passé à
l'Assemblée générale du 18 avril dernier ; qu'ils aient oublié le
rapport de la Commission et votre vote souverain ; qu'ils aient
oublié que ce vote avait été unanime, qu'il ne s'était élevé aucune
opposition, aucune protestation ; qu'ils aient oublié, chose bien plus
étrange encore, qu'eux-mêmes, Messieurs Choler et Siraudin, étaient
présents à cette Assemblée ; (le procès-verbal le dit, et leur signa-
ture le confirme.) Que, puisqu'il ne s'est élevé aucune protestation,
et que l'approbation a été unanime, Messieurs Choler et Siraudin,
se sont donc associés à ce vote de l'Assemblée ; qu'ils ont contribué à couvrir la responsabilité de la Commission ; qu'ils sont deve-
nus garants solidaires de sa délibération ; qu'ils attaquent aujour-
d'hui ce qu'ils ont ratifié il y a six mois, et que si, par impossible, leur acte du 22 juillet pouvait avoir quelque suite, la
Commission pourrait à son tour, et le procès-verbal du 18 avril
dernier à la main, les contraindre à payer leur quote-part dans
les sommes dont ils demandent la réintégration dans la Caisse
sociale.

Mais en vérité, Messieurs, c'est trop nous appesantir sur un débat
qui n'a rien de sérieux, et qui tend, nous ne craignons pas de le
dire, à amoindrir, à rapetisser notre Société à nos propres yeux !
Il serait temps enfin de nous demander ce que nous sommes en réalité.

Sommes-nous une Société de petits trafiquants, de petits mar-
chands, enfermés dans un cercle d'égoïsme, de calculs étroits et
mesquins, qui ne rêvent que leur compte de bénéfices partageables
à la fin de chaque inventaire annuel, et s'interdisent, sous peine
de nullité, toute idée noble, élevée, toute aspiration généreuse,
vers un but plus honorable, vers un meilleur avenir pour tous ?..

S'il en était ainsi, nous l'avouons hautement, nous tous, membres
de la Société dramatique, nous serions profondément humiliés de

nous retrouver si peu, après nous être crus quelque chose de plus important et de plus digne !·

Mais cela n'est point !... Non, Messieurs ! nous nous sommes réunis sans doute pour défendre en commun nos intérêts et nos droits ; c'est dans ce but que l'acte de 1837, qu'on peut appeler notre *Code de Procédure*, a été rédigé et signé ; mais l'article 21 de ce même acte a ouvert une large voie à toutes les innovations heureuses, à toutes les pensées généreuses, à tous les actes honorables qui devaient ennoblir le véritable esprit de notre Association, et servir aux progrès successifs de son but principal : *La reconnaissance internationale de la propriété littéraire et artistique complète, sans restrictions, sans limites, et dans toutes ses conséquences !*

C'est à cette conquête que vous marchez depuis trente ans et vos efforts n'ont pas été vains.

Ainsi, dès 1841, si votre Commission a échoué devant les chambres législatives, malgré l'éloquence de M. de Lamartine, lorsque nous demandions dix ans de plus de jouissance des droits d'auteurs morts, en faveur de leurs héritiers... nous les avons obtenus en 1844.

Ainsi, la loi de 1854 qui étend cette jouissance, après la mort de la veuve, à 30 ans pour les héritiers, a été obtenue après une démarche faite directement auprès du chef de l'État, qui a noblement tenu la promesse qu'il nous avait faite.

Enfin, et tout récemment, Messieurs, devant le Congrès de Bruxelles qui, il faut bien en convenir, n'a pas réalisé toutes les espérances qu'il avait fait concevoir, si votre Commission n'a pu parvenir à faire triompher le principe de la propriété littéraire à perpétuité, elle a du moins contribué, *quant à présent, et en faisant toutes ses réserves pour l'avenir*, ainsi qu'il est dit dans le rapport de la section présidée par M. Scribe, à faire adopter le vœu des cinquante années de jouissance pour les héritiers et pour tous les pays.

Que signifient ces progrès successifs, incessants ? — Que la propriété littéraire perpétuelle est déjà reconnue moralement par tous les bons esprits, qu'elle parle sans cesse à la conscience publique et qu'elle va bientôt franchir tous les obstacles qu'on lui oppose.

Oui, sans doute ; que le Prince qui a dit un des premiers :
« L'œuvre intellectuelle est une propriété comme une terre, comme
« une maison ; elle doit jouir des mêmes droits, et ne pouvoir être
« aliénée que pour cause d'utilité publique... » que ce prince
donne le signal du mouvement, et alors les législateurs de tous les
peuples, délivrés des vieux préjugés, des préventions routinières,
des résistances d'intéressés sans droit, proclameront cette vérité,
et la propriété intellectuelle sortira de leurs mains, radieuse, en-
tière, éternelle, comme toutes les propriétés légitimes et saintes,
que la loi couvre de son égide, que le travail a créées, fécondées,
et que Dieu protège.

Un dernier mot pour terminer. —

Lorsque M. le Consul de France à Milan, voulut bien se charger, à notre prière, d'annoncer à M. Mozart fils, ce que la Société
des Auteurs dramatiques français venait de faire pour lui ; dans
son émotion et au milieu de ses larmes de reconnaissance,
M. Mozart ne put prononcer que ces paroles : « *La France a tou-*
« *jours l'initiative des pensées généreuses !...*

Eh bien ! Messieurs, ne vous semble-t-il pas que cette seule
parole vaut mille fois mieux que notre sacrifice, s'il y a eu
sacrifice ? Elle atteste que notre Société, dans cette circonstance, a
dignement représenté la France, a dignement représenté la littérature dramatique française.

Certes, si votre Commission avait eu le malheur de suivre le
vœu de MM. Choler et Siraudin, si elle était venue vous dire froi-
dement : « Nous avons encaissé les droits des chefs-d'œuvres de
« Mozart et de Weber, en présence d'un traité qui reconnaît le
« droit des héritiers, en présence des fils de ces deux noms glo-
« rieux, au mépris des principes éternels de justice, mais en exé-
« cution de la disposition la plus rigoureuse du domaine pu-
« blic... — »

L'Assemblée générale aurait répondu à la commission, nous en
avons la ferme conviction : — « Vous avez méconnu le véritable
« esprit de votre mandat, vous avez oublié les principes qui nous

« guident, le but que nous voulons atteindre... enfin, et c'est ce qui
« nous touche le plus, vous avez compromis l'honneur, la dignité
« de notre Société, jusqu'à sa probité même, oui... vous avez
« commis une véritable spoliation... *nous vous blâmons.* » Et
selon nous, l'Assemblée générale aurait eu raison, car jamais la
Société des Auteurs dramatiques français ne mettra en balance
quelques misérables écus de plus dans sa caisse, avec sa dignité,
son honneur et l'estime publique.

A vous, maintenant, Messieurs, de juger à qui le blâme est dû !

Ce travail venait à peine d'être terminé, et nous avions déjà
fixé le jour de cette Assemblée générale, lorsque nous avons reçu
un nouveau papier timbré, de Messieurs Choler et Siraudin, qui
nous assignent devant le Tribunal civil de la Seine.

Cet acte, qui n'est absolument, dans ses considérants et ses con-
clusions, que la reproduction fidèle de la signification que nous vous
avons communiquée, demande, comme le premier, à la Commission,
la réintégration immédiate des sommes que vous savez.

Nous avions donc raison de vous dire que Messieurs Choler et
Siraudin niaient la compétence de l'Assemblée, le pouvoir de
l'article 21 de nos statuts, et bornaient votre rôle dans cette circonstance, à la constatation des sommes réclamées, et à leur encaissement, c'est-à-dire, au modeste emploi de simples commis, de
receveur ou de caissier.

Nous n'avons pas besoin de vous dire, Messieurs, que ce procès étrange, la Commission le soutiendra avec cette profonde conviction de vos droits, avec le même zèle qu'elle mettra toujours à défendre l'honneur de notre Société, de ses principes et le respect dû par les sociétaires à nos statuts, et à vos décisions.

VOTES DE L'ASSEMBLÉE GÉNÉRALE.

L'Assemblé générale vote l'impression et la distribution aux Sociétaires, du Rapport de M. Mélesville. Sur la proposion de M. Anicet Bourgeois, elle vote en outre des remercîments à la Commission pour avoir si bien compris et mis à exécution la pensée de l'Association.

M. Théodore Anne a fatt ensuite la proposition suivante :

« L'Assemblée déclare qu'elle approuve complètement, ce que la Com-
« mission a fait en restituant au fils de Mozart, les sommes qui proviennent
« des œuvres de son père ; et que, si un procès s'engage entre MM. Chôler
« et Siraudin et la Commission, ce procès doit être soutenu, non pas au
« uom et aux frais de la Commission, mais au nom et aux frais de la
« Société. »

Cette proposition est mise aux voix et adoptée par acclamation.

Paris. — Imp. Boisseau et Augros, pass. du Caire, 123-124.

Paris. — Imp. Boisseau et Augros, pass. du Caire, 123-124.